LE
31 MAI

PAR

EUGÈNE PELLETAN

PARIS

PAGNERRE, LIBRAIRE-ÉDITEUR

18, RUE DE SEINE, 18

—

1863

Droits de reproduction et de traduction réservés.

LE 31 MAI

I

Le 31 mai, la France votait... Le ciel avait ce jour-là un air de fête ; le soleil avait voulu être de la partie ; le printemps semblait revenir de l'exil.

Le peuple de Paris rayonnait comme le soleil ; il avait mis la main là... l'artère battait toujours. Il avait je ne sais quel instinct secret que, de ce 31 mai obstinément historique, il allait faire encore une date de l'histoire.

Le scrutin était ouvert, l'urne était béante sur le bureau, j'allais dire sur l'autel. La foule approchait de la pâque civique avec une sorte d'émotion. L'ombre de 89 la regardait voter. On voyait à la physionomie de chacun qu'il avait quelque chose sur la conscience.

Six années avaient passé sur la dernière élection. Que

de faits dans ces six années! que de drames! que d'é-
vénements!... c'est comme un tourbillon : la paix, la
guerre, Orsini, Espinasse, la transportation, Solferino,
Villafranca, l'amnistie, Garibaldi, la Savoie, la Syrie, la
Chine, la Cochinchine, le Mexique, la Pologne, le 24 no-
vembre, le libre échange, la discussion de l'adresse, la
reconstruction de Paris et, de temps à autre, la suppression d'un journal.

Quelle influence avait exercée tout cela sur l'opinion
du pays? Que pensait la France? que voulait-elle? Mur-
murait-elle un *magnificat*, ou couvait-elle une opposition? Inclinait-elle au *statu quo*, ou aspirait-elle à la
liberté?

Personne ne pouvait le savoir, pas plus le gouvernement que la démocratie.

Quand un peuple a le droit de parler, il n'a plus de
secret; et, voulût-il en avoir, il ne saurait résister à
la tentation de le trahir; il évapore le fond de son cœur
au grand air, et on peut faire chaque matin le relevé de
son opinion.

La liberté de la presse fait ainsi l'office de police gra-
tuite, mieux encore de police publique, par conséquent
contrôlée, qui met le pouvoir en intimité quotidienne
avec la pensée du pays.

Mais quand, par une raison ou par une autre, on a
cru devoir mettre la sourdine sur l'opinion, quand un
peuple ne parle plus, ou parle si bas, que sa parole ressemble à du silence, à quel signe reconnaître l'état de
l'esprit public?

Le révolutionnaire le plus dangereux, ce n'est pas
Danton, c'est le termite. Il creuse sans bruit, il ronge

dans l'ombre ; et pendant qu'il poursuit consciencieuse-
ment son œuvre de destruction, grain de poussière par
grain de poussière, la maison garde naïvement toute
l'apparence de l'éternité.

On y mange, on y boit, on y rit, on y danse ; mais un
soir que l'heure sonne gaiement et que l'enfant dort
dans son berceau, une poutre craque ; tout croule... et
de ce qui était tout à l'heure joie et confiance, il ne
reste plus qu'un pan de mur et un nuage de poussière.

Donc on allait voter, et nul au monde ne pouvait pré-
voir le résultat du scrutin.

II

Seulement l'esprit de pessimisme disait : A quoi bon
essayer de lutter contre le pouvoir ? il a pris ses gages
contre les chances du destin.

Avez-vous jeté l'œil, en passant, sur la carte électorale de cette année ? C'est le chef-d'œuvre du génie de
la découpure.

Jamais la géométrie n'avait fait tant de frais d'imagination ; elle a ressuscité d'un seul coup tous les mons-
tres du déluge.

Ici la circonscription affecte la forme d'un icthyosaure,
là d'un plésiosaure, là enfin aucune forme connue,
comparable à quoi que ce soit, si ce n'est à un nuage
burlesque de soleil couchant.

Lille, en toute logique, devait voter avec Lille, et Marseille avec Marseille. La même population implique le même intérêt, et le même intérêt exige la même représentation.

Eh bien, non ! on a brisé Lille, comme Toulouse, en trois ou quatre morceaux et noyé chaque fragment dans un flot de campagne. Pourquoi bouleverser ainsi toute classification de nature et réaliser on ne sait quel panthéisme de territoire ?

Il y aurait inconvenance sans doute à opposer la ville à la banlieue et l'intelligence à la charrue, pour humilier l'une devant l'autre ou sacrifier l'une à l'autre, car chacune a sa part de mérite et un droit égal à l'eucharistie du scrutin.

Mais enfin voter c'est penser ; c'est plus encore, c'est décider, en premier ressort, de la politique d'un pays.

Comment alors expliquer que la géographie électorale favorise l'électeur le moins électeur dans le sens idéal du mot, c'est-à-dire le moins instruit, le moins apte par conséquent à penser et à voter de sa propre initiative.

Donc il faudra éclairer le suffrage universel. Or le système d'éclairage consiste dans un candidat du gouvernement.

Vous rappelez-vous l'ancien télégraphe ? Vous pouvez peut-être encore en voir un spectre oublié sur la hauteur. L'infortuné, retiré du mouvement du monde et perché, l'aile pendante, au sommet d'une ruine, regarde mélancoliquement la plaine et dit un dernier adieu à l'espace.

Il a eu, dans le temps, son jour de gloire ; il a reçu, lui aussi, la confidence de l'État, il la jetait d'un coup d'aile

à l'horizon, et le mot d'ordre courait de colline en colline. La candidature officielle, sans vouloir lui manquer
de respect, ressemble passablement à la pantomime
aérienne de l'ancien télégraphe.

Le ministre transmet le nom du candidat au préfet,
le préfet le transmet au sous-préfet, le sous-préfet au
maire, le maire au garde champêtre, et le garde champêtre l'annonce, à son de caisse, au total du village. Une
commune apprend ainsi, à son réveil, que le fantôme in-
nomé de député qu'elle rêvait au fond de son cœur
était un certain financier de Paris dont, une heure auparavant, elle ignorait encore l'existence.

Le candidat, muni de l'onction ministérielle, n'a plus
dès lors qu'à laisser opérer la grâce; car l'administration tout entière n'est plus qu'une vaste agence électorale à son service, car sa candidature est représentée,
car elle est présente, car elle est agissante par le juge
de paix, par le commissaire, par le gendarme, par le
percepteur, par le douanier, par le cantonnier, par le
fossoyeur, par le facteur, etc.

Sur un mot, sur un geste de l'autorité préfectorale,
tout cela bat la campagne en cadence et sème, comme
des roses, le long du chemin, toutes les vertus connues
ou inconnues, actuelles ou éventuelles, du favori de la
préfecture ; on n'a qu'à le nommer au Corps législatif,
et toutes les rosées du ciel tomberont sur le département.

Et c'est contre cette candidature légion, qui pèse
dans la balance, non-seulement du poids de son propre
mérite, mais encore du poids accumulé de toute la ma-
chine administrative, qu'un simple candidat amateur

aurait l'audace d'engager la lutte et l'impertinence de rêver la victoire?

Mais perdu, mais morfondu dans l'immensité d'une circonscription électorale démesurément prolongée, comme pour empêcher toute intimité personnelle du candidat avec l'électeur, il faudra donc qu'il aille lui-même produire sa candidature et la promener longuement de commune en commune.

Mais c'est un concurrent du candidat de l'empereur, c'est un factieux par conséquent, c'est un anarchiste. Il y a, autour de lui, une atmosphère de réprobation ; on ne le connaît pas, on ne veut pas le connaître ; lorsqu'il ôte son chapeau, on détourne la tête, ou bien on le regarde d'un œil effaré qui semble dire : « Que viens-tu faire ici? passe ton chemin! »

Et que sera-ce donc si le pouvoir, descendant de la hauteur sereine où il doit toujours résider, croit devoir prendre le candidat indiscipliné corps à corps et le dénoncer comme un ennemi public, comme le représentant de l'émeute?

Comment l'infortuné pourra-t-il répondre à un gouvernement qui n'admet pas de droit de réponse? pourra-t-il lui répliquer, de même qu'Ajax à la divinité cachée dans le nuage : « Rends-nous la lumière et allons combattre! »

Ainsi parlait l'esprit de pessimisme ; je ne répète sa parole, bien entendu, que sous toute réserve.

III

Il disait bien aussi qu'à Paris peut-être... et encore
non, reprenait-il aussitôt, le gouvernement tient au
vote de sa capitale plus qu'à tout autre, et il a mis bon
ordre à l'imprévu ; il a mêlé, broyé, fondu une circonscription avec une autre, un quartier avec un quartier opposé, Picpus avec Clamart, Belleville avec Pu-
teaux ; il a décomposé et recomposé en un mot la matière
votante, au gré d'une mystérieuse alchimie, pour extraire
de cette opération cabalistique une quintessence de représentation.

Il y a mieux : la loi veut que chaque département
nomme un nombre de députés proportionnel au chiffre
de sa population. Or, depuis la dernière élection du
Corps législatif, la population du département de la
Seine a augmenté de six cent mille âmes ; et cependant
le nombre des électeurs inscrits a diminué, et le département de la Seine aura un député de moins à élire à la
prochaine législature.

Comment expliquer ce miracle d'arithmétique qui
transforme le plus en moins, et la multiplication en
soustraction ?

Doit-on répéter, avec le vicomte de la Guéronnière,
que Paris a le don d'attirer les coquins du monde entier, et qu'il peut faire, en six ans, six cent mille recrues

sans gagner la valeur d'un électeur, car le Français doit posséder une conscience immaculée pour avoir le droit de voter?

Et la démocratie libérale accepterait ce champ de bataille et tenterait la fortune du scrutin?...

Passe encore si elle avait la liberté de la presse accompagnée de la liberté de réunion. Quant à la liberté de la presse, on a bien pu décréter le libre échange du coton, mais on n'a pas encore, que nous sachions, proclamé le libre échange de la pensée ; quant au droit de réunion, il n'en faut pas parler : porte fermée et gendarme de planton !

Il n'y a donc, en l'absence de liberté, qu'une conduite pour le citoyen vertueux de l'opposition : c'est de mettre le coude sur le parapet du Pont-Neuf et de regarder couler l'eau de la rivière.

Voilà ce que disait l'esprit de pessimisme ; encore un coup, je n'en accepte pas la complicité.

Il argumentait à merveille ; pour prouver quoi, en définitive? qu'il fallait attendre le retour de la liberté pour réclamer la liberté ; mais il nous promettait en revanche un miracle le jour de l'élection : une neige de bulletins blancs devait, à point nommé, tomber dans l'urne du 31 mai, et changer à la minute la destinée du pays.

Chemin faisant, M. Proudhon avait jugé à propos de compliquer la question électorale d'un scrupule de conscience : « La démocratie, disait-il, ne pouvait entrer au Corps législatif sans commettre un parjure. »

À la vérité, M. Proudhon avait déclaré auparavant que la démocratie devait entrer à la Chambre, sous

peine de lâcheté, et il avait formulé une autre théorie
du serment appropriée à la circonstance.

Ainsi donc il y avait eu un premier Proudhon qui avait
dit à la démocratie : « Prête serment; » il y avait ensuite
un second Proudhon qui lui disait : « Ne le prête pas. »
Mais quand viendra le troisième Proudhon qui mettra
les deux autres d'accord? Le logicien franc-comtois a
découvert en Allemagne une admirable formule : thèse,
antithèse, synthèse; malheureusement il laisse toujours
au fond de son encrier le troisième personnage de la
trinité.

IV

Mais quoi qu'on pût dire ou faire pour détourner le
peuple du vote, il voulait voter. Il tient à l'exercice de
son droit autant qu'à son droit lui-même; puisque la loi
le disait souverain, il entendait la prendre au mot.

La brillante opposition des Cinq à la Chambre l'avait
mis à son tour en verve d'opposition; il sentait instinc-
tivement que la France possédait dans le débat de
l'adresse un jubilé de la parole; il fallait savoir en tirer
parti.

Élevé d'ailleurs à l'école du travail, c'est-à-dire de
l'action, il prend en pitié la politique contemplative
des bras croisés; il porte trop de respect au drapeau
de la démocratie, pour consentir un seul instant à le
mettre au mont-de-piété.

Il regardait sans doute, lui aussi, la presse libre

comme la première condition d'une élection libre. « Mais parce qu'on n'a pas, disait-il, toute la liberté qu'on a le droit d'ambitionner en France, était-ce une raison pour jeter au coin de la borne la liberté qu'on pouvait avoir? A défaut de la langue, le sourd-muet parle avec la main. Eh bien! parlons à notre tour avec la main en allant voter; le pouvoir pourra ainsi connaître notre opinion et en faire son profit. Aide-toi, le ciel t'aidera! c'est le cri de nos aînés, il leur a porté bonheur. On ne crée pas à volonté l'occasion en politique; elle apparaît et disparaît d'elle-même; sachons la prendre au passage, car une autre fois elle pourrait nous bouder. »

Le peuple vota donc d'ensemble, avec un merveilleux esprit de discipline; il accepta une liste toute faite comme une consigne, sans vouloir en discuter le mérite et encore moins l'origine. Tout nom lui était bon; c'était la liste, toute la liste, rien que la liste qu'il adoptait, qu'il acclamait, qu'il entendait envoyer au Corps législatif.

Il avait une confiance incorrigible dans la victoire; on faisait, à côté de lui, le compte ou le décompte de l'opposition, il secouait la tête et il passait; aussi lorsque le coup de cloche légal du lundi vint fermer le scrutin, il regardait d'un œil tranquille la boîte mystérieuse qui pouvait renfermer pour d'autres une inconnue et qui contenait déjà pour lui une certitude.

La foule assiégeait, de bonne heure, dans la soirée, la ligne des boulevards et la porte des journaux; elle formait çà et là un groupe, un club en plein vent où le passant causait, à cœur ouvert, avec son voisin, comme s'il n'y avait plus dans Paris qu'une seule opinion; on

s'arrachait, on se passait les feuilles encore humides qui
racontaient les premiers résultats de l'élection. Puis on
se prenait la main et on se félicitait réciproquement de
la victoire de la démocratie.

Nul cri d'ailleurs, pas de tumulte. Tout au plus
quelque faiseur d'apologue aventurait une réflexion
sur l'éclipse de la soirée. Mais la police circulait grave-
ment, dans l'ombre, sans rien écouter ou sans rien entendre. Elle avait eu le bon goût de comprendre que cette
journée appartenait au peuple, et qu'on devait lui en
laisser la jouissance.

Il y avait cependant une circonscription de banlieue
qui donnait de l'inquiétude; il fallait y compter avec
l'esprit toujours plus ou moins retardataire de la campagne; on y pouvait craindre une jacquerie de scrutin
contre le candidat de l'opposition. La foule resta en
permanence jusqu'à l'heure où elle connut le dépouille-
ment de la dernière commune; sitôt qu'elle eut appris
que la campagne avait voté de la même main que Paris,
il y eut comme une explosion : « Toute la liste a passé ! »

Toute la liste avait passé en effet, à l'exception de la
sixième circonscription. Mais là aussi cependant, l'opposition avait eu la majorité.

Le peuple s'écoula ensuite en silence, et chacun se
retira dans son quartier.

Ce soir-là plus d'un électeur put dire en embrassant
sa femme et en regardant le berceau de son enfant : « J'ai
fait mon devoir ! »

Une heure après, une lune à moitié évanouie versait
une lueur blafarde sur le pavé, et on n'entendait plus au
loin que le pas monotone d'une patrouille.

V

La presse aussi avait fait son devoir; je parle, bien entendu, de la presse de l'opposition. L'inspiration rentrait en elle avec le souffle du peuple, et on sentait à sa polémique comme une séve remontante de la liberté. On y avait sans doute différé d'opinion sur la conduite à tenir; mais cette différence même avait passionné la lutte et poussé la démocratie à l'action : M. de Girardin ne pourra plus nier cette fois l'influence du talent, car ce serait de sa part manquer d'amour-propre.

Or, pendant que Paris dormait sur sa victoire, le télégraphe électrique lui apportait la nouvelle des élections de départements; Lyon, Marseille, Nantes, Bordeaux, les capitales du commerce, de l'industrie, de l'intelligence, on pourrait même ajouter les petites villes, toutes les villes avaient voté pour l'opposition.

Que signifiait ce vote unanime des divers centres de population? qui donc à Lyon, comme à Paris, avait gagné la bataille?

Ce n'était ni un homme, ni un autre, ni M. Thiers, ni M. Jules Favre; c'était plus qu'un nom propre, plus même qu'un parti : c'était une idée, c'était la liberté.

Reprenez, une à une, les circulaires des candidats de l'opposition, et vous verrez que toutes formulent la même demande : la liberté! Le reste, quel qu'il fût, question

romaine ou question cochinchinoise, n'était que hors-
d'œuvre et ornement courant.

Oui, la liberté, et la liberté en dehors de tout esprit
de parti, voilà la signification réelle du scrutin qui envoie à la fois, et par la même porte, au Corps législatif
M. Marie et M. Berryer, M. Simon et M. Lanjuinais.

C'est là le coup de fortune de la dernière élection.
Est-ce à dire toutefois que nous entendons refaire la
théorie commode de cet éclectisme politique qui n'ap-
partient, dit-il, à aucun parti et ne sert que la liberté.

La liberté, que nous sachions, n'est pas chose ga-
zeuse, flottante dans l'atmosphère à l'état latent; c'est
chose tangible au contraire, incorporée et vivante dans
un parti.

Aimer la liberté sans la concevoir sous une forme
déterminée, c'est appeler une amante aérienne dans un
rayon du crépuscule; nous ne saurions nous résigner,
pour notre part, à une semblable débauche de plato-
nisme.

Nous aimons la liberté, sans doute, mais à la condition de brûler du même amour pour le parti qui nous
paraît en donner la meilleure formule; nous avons fait
notre choix et nous nous y tenons; le vent peut souffler,
il nous trouvera debout.

Et notre parti, nous ne le cachons pas, nous ne le cou-
vrons pas d'un mot pompeux : la France! qui signifie
tout et ne signifie rien; nous disons notre nom tout
haut : nous nous nommons la démocratie.

Mais parce que, dans toute la plénitude de notre
conscience, notre opinion nous semble le mieux définir
l'idéal d'un peuple libre, aurions-nous cependant raison

de refuser à tout autre parti le droit d'aimer à son tour
la liberté et de concourir à sa rançon.

La liberté a cela de beau, j'allais dire de particu-
lier, qu'elle ne peut être la propriété de personne,
qu'elle est forcément la communion de tous, comme la
vérité. Un parti qui repousse la liberté pour lui-même
ou pour un autre ne sait pas ce qu'il dit ou il dit claire-
ment : Je veux être oppresseur ou je veux être opprimé;
lequel des deux est le plus honteux?

Mais, en descendant à opprimer, il consent à être
opprimé, si la force vient à changer de caprice. J'ai vécu
âge d'homme, j'ai lu l'histoire de mon temps, je sais
qu'il n'y a pas de parti en France qui n'ait commencé
par proscrire son adversaire; mais je sais aussi que le
proscripteur a porté bientôt la peine du talion.

Aussi les partis ont-ils fini par comprendre, à l'école
sévère de l'expiation, qu'ils ne peuvent trouver d'abri ni
de repos que sous la large couverture et dans l'hospita-
lité sympathique du droit commun.

C'est là le grand pardon du moyen âge et comme
l'état de grâce d'une nation. L'Angleterre l'a connu
sous Guillaume d'Orange; nous y touchons à notre tour.
On nous a donné, depuis douze ans, le temps de la
réflexion, et nous avons compris de plus en plus le
mérite de la liberté.

Qu'on ne vienne pas dire que la situation a renou-
velé le langage sans retourner le cœur des partis, que
tel ou tel fait profession de libéralisme pour trahir plus
tard la liberté. J'ai meilleure opinion, je l'avoue, de la
nature humaine, et j'éprouve une profonde humiliation
à la suspecter sans cesse d'hypocrisie.

Je ne connais pas d'ailleurs de plus grands libéraux et de plus habiles prédicateurs que les événements ; si, depuis le temps qu'ils parlent, ils n'avaient pas eu le talent de convertir les intelligences à la liberté, il faudrait désespérer du mieux dans ce monde et fermer le livre du progrès.

VI

C'est la coalition, a-t-on dit. Et pourquoi non ? Mais d'abord qui parle ainsi ? Ne serait-ce pas cet écrivain de louage qui a fait le service de tous les partis, et qui représente à lui seul toute une coalition ? on lui dit : Injurie et va dîner !

Puis on lui jette une pièce de monnaie et il fait son métier en conscience.

Expliquons-nous donc une fois pour toutes sur ce mot de coalition, puisqu'il paraît singulièrement effaroucher la pudeur de ces âmes rosières qui n'ont eu que dix amants en politique.

Y a-t-il, peut-il y avoir coalition sur le fait de liberté, dans le sens injurieux du mot, c'est-à-dire abdication réciproque de son principe, et association dans un mensonge ?

Que Louis XIV ressuscite demain et qu'il impose à la France une religion d'État, est-ce que le calvinisme, est-ce que le judaïsme devraient renoncer à réclamer conjointement la liberté de conscience, parce qu'ils ont le même intérêt à la demander, et qu'en la demandant ils formeraient ce qu'on appelle une coalition?

Le Juif demande-t-il donc la liberté de conscience pour abjurer au profit de Calvin, ou pour amener le protestantisme à une apostasie? A coup sûr, non; il la demande au contraire pour empêcher la confusion, pour faire que chaque culte reste lui-même et prie Dieu à sa manière.

Si, par impossible, pour prendre un autre exemple, l'ennemi venait à envahir la France et à fourrager l'Alsace, est-ce qu'il n'y aurait pas obligation d'honneur pour chacun de nous à voler à la défense de la frontière? Et le démocrate aurait-il bonne grâce à refuser de combattre a côté de l'orléaniste, sous le prétexte que le sang versé en commun, pour le salut de la patrie, pourrait prêter au reproche de coalition?

Mais le territoire ne forme que la patrie matérielle; et au-dessus de cette patrie de sable et de calcaire, il y en a une autre, la liberté, la vraie patrie en définitive : car sans elle un État n'est qu'un parc, et un peuple qu'un troupeau.

Or, ce que chacun de nous devrait faire pour la patrie du corps, pourquoi ne le ferions-nous pas pour la patrie de l'esprit; la liberté, cette première gloire d'un peuple a-t-elle donc moins de prix à son regard qu'une carte de géographie?

Qu'on nous accuse ou non de coalition, qu'importe? Quel que soit notre point de départ, nous devons tous désormais nous donner rendez-vous dans la liberté et faire la paix sur cette idée, comme sur la place publique. Abdiquons-nous pour cela, de part et d'autre, nos convictions particulières? Loin de là, nous les reprendrons, quelque jour, dans le sein de la liberté, et nous laisserons à la liberté elle-même le soin de résoudre la question. Ce n'est pas la démocratie, dans ce cas, qui aura commis une imprudence.

A quoi bon remuer le passé et nous le jeter sans cesse à la tête comme une pierre de scandale? Toi, tu as dit ce mot, je te renie; toi, tu as fait cet acte, je te maudis. Eh! mon Dieu! qui a pris part à la politique et n'a pas, en faisant un retour sur lui-même, à frapper dix fois par jour sa poitrine?

L'heure miséricordieuse a tourné la page; une nouvelle génération arrive, et de tout ce qui fut et n'a plus de raison d'être, il ne reste qu'une feuille blanche où nous n'avons qu'à écrire une seule devise : Liberté et concorde dans la liberté.

Nous ne croyons pas nous abuser sur les signes des temps, en déclarant que c'est à cette conciliation que marchent de plus en plus, sans distinction d'origine, tous les cœurs nobles, tous les esprits fiers qui aiment à vivre en hommes et à lever la tête.

Qu'on ne nous parle donc plus des fautes ou des divisions d'une autre époque : ces erreurs ou ces querelles domestiques d'un jour, nous les avons jetées par-dessus nos épaules, et maintenant que le feu de Sodome les dévore, pourquoi nous pétrifier comme la femme de Loth à retourner la tête en arrière? Faisons mieux : mettons-nous en marche.

VII

Tous les partis, d'ailleurs, pour peu qu'ils aient la
conscience d'eux-mêmes, ont tout à gagner à la liberté,
le parti de la noblesse aussi bien que de la bourgeoisie,
et de la bourgeoisie que du peuple à proprement
parler.

Que la noblesse, sous le coup d'une révolution faite
contre elle, ait méconnu la liberté, je le conçois et je
tire le rideau sur l'émigration.

Pouvait-elle aimer en conscience la déclaration des
droits de l'homme qu'elle lisait pour la première fois à
la lueur des flammes de son donjon ou de son chartier?

Elle avait eu jusqu'alors la prérogative charmante
de porter l'épée, de lever la dîme, de léguer une opu-
lence inviolable à l'aîné de la famille; et on eût voulu
que tout à coup elle eût renoncé, de gaieté de cœur, à la
douce habitude, acquise et consacrée par le temps, de
la première place en tout et partout, à la cour, à l'armée, dans la marine, dans l'église?

Mais c'était là tomber dans la foule, c'était prendre
la file à son rang de mérite, c'était entrer dans un régime nouveau avec une éducation contraire à ce régime,
et avant d'avoir le temps de renouveler son instruction,
pour jouer du moins, à chance égale, la partie de la
liberté. La noblesse devait résister à la révolution; elle

résista; elle succomba, n'en parlons plus : c'était l'ordre du destin.

Ce qui est fait est fait, il faut en prendre son parti ; il faut signer sa paix avec la révolution et accepter de bonne grâce une nouvelle place dans la société : cette place a bien son mérite pour le gentilhomme qui a la prétention de valoir mieux que sa naissance.

La noblesse a perdu sans doute la puissance politique telle que l'imagination féodale l'avait rêvée au temps de Charles le Chauve; mais elle retrouvera en échange une puissance autrement glorieuse, quand elle voudra bien consentir à faire preuve de talent et à servir son pays autrement que dans la cavalerie.

La noblesse seule, dans le grand tout de la démocratie, a un nom fait, c'est-à-dire un signe personnel qui la met en évidence. Sans vouloir surfaire l'influence du parchemin, il faut bien avouer que la foule attache encore une certaine valeur au titre de naissance.

Aussi, chaque fois qu'un gentilhomme de talent veut bien donner la main à la révolution, c'est presque toujours lui qui, de Lafayette à Lamartine, prend la tête de la colonne. Sous un régime de liberté, le flot porte de lui-même la noblesse libérale au pouvoir; et par une résistance niaise à sa propre fortune, elle chercherait à lutter contre le courant?

A nous autres plébéiens, fils de nos œuvres, la liberté vend un peu plus chèrement ses faveurs : avant de songer à les acquérir, nous avons d'abord à nous faire une réputation par un long noviciat dans la carrière de la pensée ou de l'industrie. Nous ne pouvons arriver à la vie publique, la première ambition de l'homme de valeur, que sur le soir de notre journée, quand nous sentons déjà le froid de l'ombre.

Le gentilhomme trouve, au contraire, dans sa notoriété de naissance, une économie de temps, une dispense d'âge, une avance sur la foule, pour toute espèce de candidature à toute espèce d'élection. Maître de lui-même, maître de la direction de sa pensée, grâce au privilége héréditaire de la fortune, il peut voyager, étudier, faire en un mot et parfaire son éducation politique avec la certitude d'en trouver le placement : car chez un peuple libre, un homme est toujours ce qu'il veut être, pour peu qu'il ait de talent.

Si cette part virile d'action, la plus enviable pour un cœur haut placé, car elle combine le talent avec la naissance, car elle donne la première manche au gentilhomme, à condition qu'il gagne la seconde, ne convient pas ou ne suffit pas à la noblesse, que veut-elle de plus? Espère-t-elle revenir, sous une autre forme, à la mendicité et à la pourriture de l'OEil-de-Bœuf.

VIII

A côté de la noblesse, il y a une classe qui ne saurait nier la liberté, sans se nier elle-même et sans manquer de reconnaissance.

C'est la bourgeoisie ; car elle n'est ce qu'elle est que depuis la liberté et par la liberté. Avant la révolution, elle n'était que la roture taillée, taxée, surtaxée, rançonnée, opprimée, injuriée, éliminée de tout poste et de tout rang dans l'administration et dans l'État.

La révolution lui a ouvert la porte, lui a donné d'un coup égalité, aisance, instruction, indépendance, faveur, honneur, place au pouvoir, première place, tout, absolument tout depuis le bâton de maréchal jusqu'au modeste claque de sous-préfet. Et maintenant, tous les bienfaits de la liberté à la main, elle voudrait proscrire sa bienfaitrice?

Ce serait plus que de l'ingratitude, ce serait de l'ineptie. Car il n'y a pas un intérêt de la bourgeoisie qui n'ait besoin de la garantie de la liberté. Un millionnaire bouffi peut railler agréablement le régime constitutionnel, mais le ballot de coton a trop d'esprit pour goûter la plaisanterie. Il aime à connaître d'avance où va la politique pour savoir où il ira lui-même.

Sous un régime de discussion, on discute tout, même le bien, et le bien qui en résulte c'est qu'on n'y craint ni impromptu ni boîte à surprise. On ne se couche pas en paix pour se réveiller en guerre, on n'achète pas sous le régime protecteur pour revendre sous le libre échange.

Mais parce qu'une portion de la bourgeoisie a eu la bonté d'avoir peur, un jour qu'on faisait trop de bruit dans la rue, elle pourrait assez perdre la raison pour appeler le despotisme à son secours et lui dire : Souveraineté, garantie, dignité, prends tout, et si ce n'est pas assez, prends encore mon sang, mon fils, ma fille même... mais sauve mon écu !

Elle oublie que si le despotisme pouvait l'entendre et la prendre au mot, il sauverait l'écu, en effet, mais pour le mettre dans sa poche et pour le dépenser à sa fantaisie. Grâce à Dieu, toutefois, le despotisme n'a pas répondu et ne pouvait répondre à l'appel; car depuis la révolution il n'y a plus un pouce de terrain en France qui pourrait le porter.

La bourgeoisie remise de son trouble a déjà compris, j'espère, qu'on ne sauve pas la prospérité d'un peuple en faisant taire sa pensée. Car penser et produire, c'est la même chose sous deux aspects; tant vaut l'homme intime, tant vaut l'homme travailleur.

Qu'est-ce que le travail, en effet, sinon le mouvement réglé par l'intelligence et approprié par l'intelligence aux besoins de la société? L'activité d'un peuple progresse donc toujours en raison de son instruction, et son instruction en raison de sa liberté.

On ne saurait nier que la liberté n'ait ses coups de vent et ses drames; mais telle quelle, on doit encore la préférer à la décomposition sourde et à la mort lente de la gangrène.

Car enfin la lutte, l'agitation, même la bourrasque populaire et la houle de la place publique, si tout cela est une calamité de passage, tout cela est encore de la vie, tout cela est de l'énergie, une hygiène rude, mais propre à renouveler un peuple et à retremper son caractère.

Y eut-il jamais république plus orageuse que Florence au moyen âge? C'était la guerre civile en permanence, la guerre porte à porte, entre Guelfe et Gibelin, entre peuple gras et peuple maigre. Le sang n'avait pas le temps de sécher sur ce pavé tragique où chaque parti, tour à tour vainqueur et vaincu, passait et repassait de la proscription au pouvoir et du pouvoir à l'exil.

Et cependant Florence, malgré cette existence convulsive, au bruit du tocsin, a toujours grandi en gloire et en richesse. Cette simple petite ville, à peine grande comme une préfecture de troisième classe, avec une banlieue d'une journée de marche, jouait le rôle d'une puissance de premier ordre, non-seulement en Italie, mais en Europe.

Bien mieux encore, elle y exerçait une sorte de suzeraineté du génie en art, en littérature, en philosophie, en science, car il n'y a pas neuf muses dans le monde, il n'y en a qu'une, c'est la liberté.

Mais voici que la famille de Médicis jette sur la cité glorieuse entre toutes la tranquillité perfide du pouvoir d'un seul ; elle étouffe, elle éteint la république, à petit bruit, en achetant et en amusant la population.

Et depuis lors Florence, morte d'épuisement sur un lit de volupté ; n'a plus été qu'une gueuse parfumée, comme dit le président De Brosses, qu'une ville savante dans l'art de la musique et le métier d'entremetteuse.

IX

Mais si quelqu'un a intérèt à la résurrection de la liberté, c'est à coup sûr le peuple, c'est-à-dire l'homme de travail.

Il y a une école, je le sais, qui disait que la liberté

était une forme ingénieuse d'oppression imaginée par
la bourgeoisie pour exploiter le prolétaire.

Vois ta voisine l'Angleterre, disait-elle, c'est la nation
exemplaire de la liberté; mais lorsque tu jettes le regard sur cette terre fumeuse de l'industrie, que trouves-
tu? L'ouvrier anglais couvert de sueur, noir de suie,
qui remue, à pleine pelle, la braise d'une usine et joue
à perpétuité le rôle de damné pour le compte d'un millionnaire.

Tu as fait une révolution, un certain mois de juillet
1830, au cri de vive la charte! Quel salaire en as-tu
touché? En te jetant la poitrine sur les baïonnettes, tu
as sauvé, il est vrai, de beaux mensonges appelés des
droits dans le vocabulaire de l'idéologue. Mais que te
fait le droit d'écrire? tu n'écris pas; le droit de penser?
c'est un luxe trop cher pour ta pauvreté. Crois-moi,
renonce à toute cette friperie de libéralisme, viens de
mon côté, je te donnerai un gouvernement parfait. Là,
pas de discussion ni de bavardage, mais un système
expéditif et un maître appelé l'État.

L'État, tu comprends, c'est-à-dire toi-même incarné
dans un Mogol, qui te donnera la joie à profusion, sauf
à prélever sa part sur ton excédant de bonheur. Cependant ce système gouvernemental pourrait soulever
quelque objection; je te prierai donc de m'investir de ta
force, c'est-à-dire de la dictature pour me dispenser
d'entrer en discussion. A quoi bon discuter? J'aime
mieux contraindre que convaincre, nul ne parlera que
moi, ou ne parlera que pour me renvoyer ma parole,
avec la loyauté de l'écho. Silence donc!

Ce silence sera certainement, de ma part, un acte de

modestie ; car, enfin, je me dérobe ainsi à l'admiration ; mais l'admiration entraînerait la critique par droit de réciprocité. Je dois à la nation le sacrifice de mon amour-propre ; si quelqu'un, après cela, ose réclamer la liberté, je le dénonce à l'indignation populaire pour tentative d'aristocratie. De cette façon, après avoir fait de la liberté l'ennemie du peuple, je ferai du peuple l'ennemi de la liberté.

Ainsi disait l'école socialiste qui avait pris pour devise : Tout pour le peuple et tout par l'État. J'ignore quel bénéfice cette école a tiré de sa doctrine ; mais, ce que je sais par expérience, c'est qu'en opposant le peuple au bourgeois, bien que l'un et l'autre ne soient que le moment différent d'une même chose, que l'un soit le point de départ et l'autre le point d'arrivée, elle a provoqué une scission entre l'aîné et le cadet de la famille, et c'est tout autre chose que cette école qui a passé dans l'intervalle.

Oui, tout pour le peuple... ; jusque-là, la devise a raison, et il faut en revendiquer hautement la moitié ; car c'est le peuple qui travaille, c'est le peuple qui porte le poids du soleil ; et si la politique a charge de corps et d'âmes, ce n'est pas seulement pour augmenter la part du bonheur, mais surtout pour diminuer le fardeau de la souffrance.

Donc tout pour le peuple..., mais tout par la liberté. La liberté seule peut mettre la question du travail à l'étude et la solution du problème au concours ; la liberté seule peut appeler la sympathie sur la misère et verser l'huile du samaritain sur sa blessure. Au grand jour de la discussion publique, il ne peut y avoir de mal irrémédiable qu'autant que la science humaine en ignore le remède.

On a vraiment bonne grâce à venir accuser la liberté d'impuissance sous le régime qu'on intitule dédaigneusement le parlementarisme. Mais qui donc, je le demande, a supprimé la loterie, fermé la maison de jeu, aboli l'impôt sur le sel, réduit la taxe des lettres, émancipé l'esclavage, organisé l'instruction primaire, fondé l'enseignement professionnel, institué enfin la crèche, la salle d'asile, la caisse d'épargne, l'assistance à domicile, la colonie pénitentiaire, le comice agricole, l'association ouvrière, la société de secours mutuels? qui donc, encore un coup, si ce n'est la liberté? Qu'a fait de mieux le peuple, assez heureux, comme le Russe ou le Turc, pour avoir échappé à ce qu'on veut bien nommer la niaiserie avocassière de la tribune?

La pratique de la liberté, d'ailleurs, donne au peuple une plus haute opinion de lui-même, et, par conséquent, un plus vif sentiment de dignité. Il apprend à se respecter dans le respect que la constitution montre pour lui et dans la part de souveraineté qu'elle décerne à sa personne. Comparez le peuple de la première révolution au peuple de la révolution de Février; le premier sortait de la caverne du despotisme, et, farouche et désordonné comme l'arbitraire, son véritable maître d'école, c'est à une trace de feu et de sang qu'il marquait son passage. Mais à la révolution de Février, le peuple avait vécu au grand air de la liberté, et le spectacle du droit, respecté jusque sur la tête du dernier citoyen, avait répandu dans son esprit le culte de la justice. Je l'ai vu à l'œuvre, au jour de sa victoire, et je peux rendre témoignage de sa magnanimité ; l'oubliéra qui voudra, mais l'histoire en gardera un religieux attendrissement.

X

Non-seulement la liberté réconcilie la France avec elle-même, mais aussi avec l'Europe, et, puisque nous tenons en ce moment la révolution de Février, nous pouvons encore la laisser parler.

Le trône de Louis-Philippe croule un matin, nous n'avons pas à rechercher ici pourquoi ni comment ; il croule, voilà la vérité, entre un lever et un coucher de soleil. Et aussitôt, du Rhin au Danube, de la Vistule au Tibre, tous les autres trônes tombent ou tremblent de la secousse.

Qu'est-ce à dire ? Serait-ce que la France donne le mot d'ordre à l'Europe ? La France dort, et l'Europe dort, la France remue et l'Europe chancelle ; mais depuis quand et à quel titre la France exerce-t-elle sur les autres États la domination de l'exemple ?

En moins d'un siècle, elle a fait trois révolutions ; la première fois elle offrit l'assistance de son épée à tout peuple qui voudrait, comme elle, briser la servitude. Cependant, malgré la prophétie que le drapeau tricolore ferait le tour du monde, aucune voix ne répondit à l'appel ; peuples et gouvernements, au contraire, marchèrent d'un commun accord contre la révolution française, pour l'étouffer dans son berceau.

Comment expliquer cette indifférence de l'Europe pour la liberté ? Le despotisme était-il moins le despotisme que de notre temps ; c'est-à-dire le supplice en longueur d'un peuple tenu la crosse de fusil sur la poitrine ? Non, mais un peuple ne comprend pas la liberté mystique, incarnée seulement dans une constitution. Or, à cette époque de guerre civile en France, entre l'ancien et le nouveau régime, où donc l'Europe aurait-elle appris à aimer la liberté ? pouvait-elle sérieusement en reconnaître la figure dans cette majesté de bois rouge qu'on appelait la guillotine ?

La révolution changea plus tard de nature, elle passa tout entière dans le camp d'un soldat qui la disciplina comme une armée, et la mena tambour battant jusqu'à Moscou ; mais Napoléon y trouva la borne de sa fortune, et la Russie vint nous rendre à Paris notre carte de visite.

La dynastie, décapitée la veille à la place de la Concorde dans la personne de Louis XVI, remonta sur le trône dans la personne de Louis XVIII, mais à quelle condition ? Précisément à la condition de régner de moitié avec la révolution et de ramener de l'exil la puissance même qui avait exilé la monarchie.

Mais, bien que le gouvernement de la restauration eût épousé la liberté sans consentir à consommer le mariage, la Charte régnait en totalité ou en partie et répandait partout comme une effusion de vie et une recrudescence d'activité. A son ombre et sous sa tutelle, la France grandissait sans cesse en richesse et en génie. C'est de cette époque que date la renaissance de son industrie et de sa littérature.

Au dehors comme au dedans, on pouvait protester

ou réagir contre la marche du pouvoir, mais la forme
elle-même de ce pouvoir provoquait, recueillait partout la sympathie et la reconnaissance. Lorsqu'une parole du général Foy ou de Benjamin Constant passait la
frontière, elle réveillait, sur son parcours, je ne sais quel
écho secret, et l'Europe pensante tout entière enviait au
peuple français le premier droit de ce monde, le droit
d'avoir raison.

Or, le jour où l'ancien régime voulut mettre le peuple français au défi et perdit la partie, qu'arriva-t-il? Il
arriva que l'Europe, indifférente à la révolution de 89,
faute d'éducation politique antérieure pour la comprendre, éclairée cette fois par le prosélytisme de la presse
et de la tribune française, prit hautement parti pour la
révolution de Juillet. Aussi, au contre-coup du soulève-
ment de Paris, la Belgique, l'Espagne, l'Italie, la Pologne, le Portugal, entrèrent successivement en insurrec-
tion. L'Allemagne, à la vérité, garda le silence; elle
écoutait la métaphysique de Hegel.

Louis-Philippe régna; il a pu faillir à l'occasion; mais,
quelle que soit la part que lui fasse l'histoire, elle devra
dire cependant à l'honneur du règne, aujourd'hui en-
terré à Claremont, que jamais la France n'avait encore
possédé une pareille somme de liberté. Elle prit la direction de l'esprit public partout où l'on parle, partout
où l'on comprend sa langue; et de sa place à l'horizon, sans sortir de son orbite, elle exerçait une telle
attraction sur l'Europe, que toute l'Europe semblait gra-
viter autour d'elle en cadence.

Faut-il donc répéter une fois de plus le témoignage à
coup sûr irrécusable du comte de Nesselrode ? « Grâce

« au développement des institutions libérales, disait-il,
« toutes accomplies à l'inspiration de l'esprit français,
« la France aura plus gagné à la paix que ne lui aurait
« donné la guerre, et elle se verra environnée de tous
« les côtés par un rempart d'États constitutionnels vivant
« de son esprit, agissant sous son influence. »

Ainsi disait le comte de Nesselrode. Il avait à peine
achevé la phrase, que la révolution de Février faisait explosion à Paris, et à la minute même, et comme par une
traînée de poudre, le feu prit de proche en proche, à la
Prusse, à la Bavière, à l'Autriche, à la Hongrie, à la
Lombardie ; l'Europe marchait à l'assaut de la liberté au
cri de : Vive la France ! et lorsque l'étranger voyait passer un Français, il lui serrait la main comme à un conci-
toyen d'opinion.

La guerre divise, la liberté réunit. Avec la liberté, la
France n'a pas besoin de chercher d'alliances, elle a
tous les peuples pour alliés, elle a conquis au delà de
ses frontières mieux que des mottes de terre, elle a
conquis les esprits.

XI

La liberté fait la grandeur du pays à l'intérieur et
son influence à l'extérieur. Que peut-on dire encore
pour la repousser? Qu'elle engendre l'anarchie? C'est
une théorie. Mais le fait la dément, car précisément
dans le bilan des révolutions que nous venons de tracer,

il n'y a pas le nom d'une nation libre qui figure sur le tableau. Vous voyez donc bien que c'est la liberté qui est l'ordre, et le despotisme qui est l'anarchie.

Faut-il encore citer l'exemple de l'Angleterre? Sans cesse le continent tremble autour d'elle ; mais elle, du haut de sa constitution comme du haut d'un rocher, regarde paisiblement crouler, de minute en minute, l'ordre éternel de l'absolutisme.

La preuve est là ; on ne peut la nier. Que fait-on? On change de langage, et on dit : La liberté a du mérite, mais seulement en Angleterre.

Pourquoi en Angleterre plutôt qu'en France ? Est-ce par la raison péremptoire que l'Angleterre habite le nord de la Manche, et que la France n'en habite que le sud ? que l'Anglais a du sang saxon dans les veines, et que le Français n'a que du sang gaël ?

Quand en finirons-nous avec cette idée de race qui n'est que la bestialité de l'histoire? Il n'y a pas deux hommes ni vingt en Europe, il n'y en a qu'un ; par la même raison, il n'y a qu'une science et qu'une morale. En France comme en Écosse, quand on sent bien et quand on pense bien, on pense et on sent exactement de la même manière.

Certes, si quelqu'un venait dire à la France que, par suite d'une infirmité gaélique compliquée d'un accident ibérien, elle ne peut rien comprendre ni à la science, ni à l'industrie, ni au commerce, ni à la justice, on répondrait, à coup sûr, que c'est là un mauvais citoyen, qui manque de patriotisme et qui calomnie le peuple français ; mais si ce même homme venait à décréter la France d'indignité native et d'incapacité radicale pour la première gloire d'un peuple, c'est-à-dire pour la liberté, l'orgueil national courberait la tête et passerait condamnation ?

Mais à qui la nation de 89 a-t-elle donné le droit de la marquer irrévocablement au front du signe de la servitude ? Qui a plus lutté que la France, plus souffert, plus versé son sang pour la liberté ? Frappez la terre du pied, de Nice à Mayence, et partout vous ferez sortir du sol l'ombre d'un martyr de la cause sacrée ; et vous dites qu'un peuple qui a su ainsi mourir pour la liberté ne saurait pas vivre pour elle ?... Allons donc, vous mentez !

Le parti servile sent bien qu'ici encore le fait parle plus haut que lui, et, sous le coup du démenti de l'histoire, il consent à reprendre sa parole et à reconnaître au peuple français une certaine disposition pour la liberté, disposition méritoire en principe, mais dangereuse en pratique, faute d'une éducation préalable et d'une expérience suffisante de la matière.

Comme la liberté a fait du chemin depuis un instant ! Tout à l'heure on la confondait avec l'hydre de l'anarchie, car l'imagination effarouchée du parti trembleur aime à parler par figure. A la réflexion, l'hydre n'est une hydre qu'à Paris ; mais à Londres elle est tout au plus une métaphore. Avec une réflexion de plus on finira par reconnaître que, même en France, le monstre pourrait bien subir une agréable métamorphose.

Du moment qu'on fait de la liberté, non pas une question de lieu, mais une question de temps, qu'attendons-nous ? que nous manque-t-il ? De savoir nous en servir ? Qu'on nous mette à l'œuvre ! nous ne demandons pas mieux que de faire notre apprentissage. Non pas, nous répond-on finement; car l'essai même de la liberté pourrait être un danger. Je ne veux pas que tu ailles te baigner avant de savoir nager, disait une mère à son enfant.

On nous parle, à la vérité, de liberté civile, et on nous prie de remarquer que nous en avons la pleine jouissance. C'est là une politesse insigne au mot de *liberté*. La flatterie prouve que le mot du moins possède encore quelque faveur. Oui, sans doute, et j'en rends grâces à qui veut bien nous donner cette consolation, nous avons le droit de fabriquer, de trafiquer, d'agioter, de dépenser notre revenu, de prendre une femme et de l'habiller à notre convenance, en vertu de ce principe que charbonnier est maître chez lui, même de gaspiller son héritage et de traîner le nom de son père à l'égout.

Mais je défie qu'on échappe à ce dilemme :

Ou bien la liberté est mauvaise en elle-même, parce que l'homme est un être insensé, et alors pourquoi la donner dans l'ordre civil?

Ou bien la liberté est bonne en elle-même, parce que l'homme est un être raisonnable, et alors pourquoi la refuser dans l'ordre politique?

La doctrine qui accepte la liberté dans la famille l'approuve également dans la cité.

Mais à quoi bon distinguer la liberté de la liberté? Y a-t-il dans ce monde autant de libertés qu'il y a de modes d'application? une liberté domestique? une liberté économique? une liberté politique? une liberté ecclésiastique? Non, il n'y a qu'une seule et même liberté, celle-là précisément que nous avons définie; la faculté de développer sa vie en toute plénitude : sa vie intellectuelle par la science, sa vie morale par la vertu, sa vie physique par le travail. Ainsi donc, retrancher une liberté, c'est supprimer une faculté de l'homme et réduire par conséquent une part équivalente de production dans la société. « La sublime perfection de la liberté, disait Mme de Staël, consiste à ne rien vouloir à demi. »

XII

A l'œuvre donc ! Puisque l'élection de Paris signifie liberté, la députation de Paris n'a plus qu'à la réclamer, je ne dirai pas à la tribune, puisque la tribune n'existe que par métaphore.

La liberté de la presse ouvre naturellement le programme ; c'est la liberté mère, la liberté de toutes les libertés ; elle fait l'intérim en l'absence des autres, et grâce à elle la souveraineté du peuple garde toujours son droit de présence.

Et par la liberté de la presse, je n'entends pas simplement la suppression du décret de février, du droit de vie et de mort, confié à qui ? au pouvoir ; pour attaque contre qui ? contre le pouvoir, le tout dans l'ombre d'un bureau, sans admettre la partie accusée et condamnée du même coup à présenter sa défense. Cette chose-là doit changer, et changera, je n'en doute pas, au couronnement de l'édifice.

J'entends encore et surtout par la liberté de la presse,

la suppression de toute mesure fiscale qui fait d'un
journal un objet de luxe, et de la lecture d'un journal
la volupté aristocratique d'une partie seulement de la
nation.

Que sous le régime du suffrage restreint on ait frappé
la presse du timbre et du cautionnement, je le conçois;
c'était la conséquence logique et en quelque sorte la
symétrie du cens électoral.

La loi soumettait ainsi le droit de lire à la même condition de fortune que le droit de voter, et réclamait la
même garantie pécuniaire de l'abonné que de l'électeur.

A quoi eût servi, d'ailleurs, d'initier les masses aux
mystères de la politique, puisqu'elles n'avaient pas voix
au chapitre? C'était leur inspirer une curiosité cruelle,
sans application possible, et les appeler à manger leur
pain à la fumée du rôti.

La législation du temps eut donc la charité de leur
épargner un pareil supplice; elle timbra si bien la
presse, que la classe aisée seulement put recevoir sous
bande, chaque matin, l'histoire courante de son pays.

La révolution de Février a passé la plume sur tout
cela, et proclamé le suffrage universel. Mais le suffrage
universel implique nécessairement les droits auxiliaires
du droit de voter.

Or le premier de tous, c'est la presse à bon marché
et à portée, par conséquent, de l'électeur pauvre,
comme de l'électeur rentier; sinon une portion du
peuple portera un bandeau sur le front en allant au
scrutin.

Qu'est-ce que la presse, en effet, si ce n'est le regard

universel du suffrage universel? C'est par le journal qu'un peuple voit tout, sait tout, non-seulement sur son territoire, mais encore dans le monde entier. C'est à l'aide du journal que le dernier paysan du Roussillon possède le don d'ubiquité, et assiste, du pied de son clocher, aux séances du Corps législatif.

Le peuple souverain, éparpillé sur un forum de trois cents lieues, peut ainsi suivre, jour par jour, les affaires du pays; et quand il aura, plus tard, à confirmer ou à redresser la politique de la représentation nationale, il pourra prononcer son verdict en toute sûreté de conscience.

L'impôt du timbre n'a donc plus d'excuse aujourd'hui; c'est une contradiction, j'allais dire une contravention au principe de démocratie; c'est le régime du cens rétabli sur la lecture; c'est le droit à la souveraineté sans le droit à la lumière.

Puisque la constitution impose à chaque citoyen le devoir de mettre son opinion dans l'urne, elle doit lui accorder, en même temps, le moyen de former d'avance son opinion.

On cherche à donner le pain à bon marché, c'est bien; mais n'y a-t-il dans ce monde que le pain du corps? et, bon marché pour bon marché, ne pourrait-on pas traiter l'intelligence sur le même pied que la farine?

La liberté de la presse implique la liberté du vote; car l'une ne vit que pour l'autre et ne fait avec l'autre qu'un seul et même corps.

Mais pourquoi réclamer cette dernière liberté? Est-ce que tout aspirant au Corps législatif n'a pas le droit de poser et de placarder sa candidature? Que faut-il de plus ?

Il faut que le pouvoir exécutif retire sa main de la lutte électorale et qu'on puisse engager la partie de candidat à candidat et non de candidat à gouvernement.

Est-il bon, je le demande sans passion, qu'un préfet, et parfois un sénateur, un homme grave et considérable dans l'État, aille faire le coup de polémique avec un candidat de l'opposition ?

Est-il bon qu'un ministre aille rechercher un candidat jusque dans sa vie privée, et le frappe d'indignité pour je ne sais quel fait mystérieux laissé dans l'ombre de l'insinuation ?

M. Baroche voulait qu'on éclairât le suffrage universel. Qu'en pense-t-il maintenant? Trouve-t-il convenable qu'on ait promené une lanterne, sourde à la vérité, sur certaine candidature?

Non ! tout cela n'est pas bon, et ne l'est pas plus pour le gouvernement que pour le candidat de sa préférence.

Dieu me préserve de refuser l'indépendance de caractère à un galant homme, parce qu'il accepte le patronage du pouvoir.

Mais enfin il l'accepte, et en l'acceptant il accepte un service, il contracte par conséquent, bon gré, mal gré, une obligation de reconnaissance.

Et si plus tard il croit devoir voter contre une mesure du gouvernement, n'entendra-t-il pas gémir une voix au fond de sa conscience? ne craindra-t-il pas de commettre l'apparence d'une ingratitude ?

De deux choses l'une cependant, ou bien le candidat patronné aurait obtenu de lui-même la majorité; à quoi bon dès lors le patronage? ou bien il ne l'aurait pas obtenue; que signifie alors son élection? que représente-t-il donc ?

Puisque le gouvernement a pour lui l'opinion publique, il le dit et il le répète à chaque instant, il peut bien la laisser parler; que gagnerait-il à la faire parler et à exclure systématiquement de la représentation nationale jusqu'à l'apparence d'une opposition et l'ombre d'une minorité ?

Quand sa propre voix lui reviendrait de tous les arrondissements de la France; quand, deux ou trois cents fois répété par lui-même, il n'entendrait que l'écho de sa propre pensée sous le plafond du palais Bourbon, croit-il qu'il se serait donné à lui-même et qu'il aurait donné plus de force au Corps législatif?

XIII

La franchise du suffrage universel appelle à son tour l'émancipation de la commune.

Il faut aimer, exalter, affranchir la commune, car c'est la patrie en raccourci. Dans les trois quarts de la France, on ne comprend l'idée de patrie qu'autant qu'on la voit à travers la commune et qu'on la sent vivre dans la commune. Pour un habitant de la Creuse, la France n'est que la Creuse en grand, continuée jusqu'à la frontière.

C'est donc là qu'on doit prendre l'homme pour le faire

citoyen, pour l'initier à la vie publique; mais cette école primaire de patriotisme ne peut rendre service qu'à la condition de laisser à la commune l'administration de son pot-au-feu municipal.

Elle ne saura pas, dit-on, gérer son ménage, et elle pourrait bien renverser la marmite. N'est-ce que ce danger? place à la commune! On fait mal d'abord pour faire bien ensuite; l'important c'est qu'on fasse, et on apprend ainsi son métier. Un bon général, disait Turenne, doit débuter par perdre une bataille.

Y a-t-il nécessité indispensable, d'un autre côté, d'en appeler sans cesse à l'oracle lointain du dieu Pan de la centralisation, pour empierrer une route ou récrépir le mur d'un clocher? Ah! si notre génération osait comprendre toute l'énergie secrète de l'esprit d'initiative et de l'esprit de concurrence!...

Mais une partie de la France a la maladie de ce qu'on intitule l'unité, la concentration, c'est-à-dire l'omniprésence et l'omnipotence de l'État. Elle veut que l'État fasse tout, règle tout et débarrasse chacun du tracas de vouloir par lui-même et de pourvoir à sa propre existence. Si nous pouvions charger l'État de manger et de dormir à notre place, nous le prierions volontiers de prendre notre chaise à notre table et de mettre la tête sur notre chevet.

Il y a quelque temps, un membre du Corps législatif publiait une brochure pour démontrer au peuple français qu'il n'y avait qu'une organisation parfaite dans ce monde sublunaire, c'était l'organisation de l'armée. Donc il fallait appliquer le régime militaire à l'administration du pays.

Pour réaliser ce programme, l'auteur proposait sérieusement de remplacer le maire, au chef-lieu de préfecture, par le préfet; au chef-lieu de sous-préfecture, par le sous-préfet; et au chef-lieu de canton, par un sergent-major de préfecture.

Quant à la petite commune, il voulait bien lui laisser son maire, par raison d'économie; mais en revanche il réclamait l'embrigadement du garde champêtre. Le garde champêtre devait porter le pantalon garance et la carabine rayée, pour inspirer le respect de l'autorité au mouton en rupture de ban, ou au mulet lâché dans la luzerne du voisin.

Il ne restait plus, dans ce système, qu'à désigner chaque département par un numéro d'ordre, comme un régiment, et chaque ville par un autre numéro, comme un bataillon; alors la France aurait atteint la beauté idéale de la politique, l'assimilation complète de l'administration à l'armée. La nation, après cela, aurait sans doute marché au pas; mais on a oublié de nous dire si elle aurait aussi mangé à la gamelle.

XIV.

On pourrait bien encore, sans crainte d'exagération, réclamer la liberté individuelle.

Je reconnais la légalité de la détention préventive. Oui, on peut légalement arrêter un homme sur le fait même ou sur le soupçon d'un délit. Oui, on peut légalement le tenir au secret jusqu'à ce qu'on ait instruit son procès. C'est un pouvoir énorme sans doute pour un simple délit; toutefois, à côté de ce pouvoir, la loi a posé le correctif de la caution.

Mais la caution peut passer aujourd'hui pour une curiosité de droit criminel, car elle intervient si rarement dans la pratique, qu'on pourrait la regarder comme tombée en désuétude. Que craint-on cependant de la caution? que le prévenu passe la frontière? mais il changerait alors la peine de la prison en peine du bannissement.

Un citoyen pense de certaine façon, il rentre tard le soir, donc il doit conspirer. Il parle peut être trop haut, et ce qu'il a dit ou ce qu'il n'a pas dit vole aussitôt sur l'aile de la mouche... et sur le rapport anonyme d'un témoin mystérieux, on va saisir le matin un père de famille dans son lit, on l'emmène entre deux sergents de ville à ce qu'on appelle le Dépôt. Là, on fait une fouille à fond, sur toute sa personne, on lui retire sa montre, sa bourse, son portefeuille. Après quoi on lui demande son nom, son âge, son signalement. Puis on le toise, de la plante des pieds à la racine des cheveux, pour connaître à point nommé le nombre de centimètres que peut avoir son délit; et, toutes les opérations terminées, on le charrie en voiture grillée à la maison préventive de Mazas.

Qu'on ait établi à Mazas le système de l'isolement, c'est dans l'intérêt du prévenu et on aurait mauvaise grâce à protester; mais pourquoi aggraver la solitude par la structure de la cellule, et par la sévérité du régime? où est la nécessité d'appliquer au prévenu, c'est-à-dire à l'homme présumé innocent, et souvent innocent en réalité, un régime aussi rigoureux, souvent plus sévère que le régime du coupable après sa condamnation.

Mais après avoir tout scruté à fond, et en tout sens, et n'avoir trouvé aucune trace, absolument aucune, de culpabilité, le magistrat instructeur rend un arrêt de non-lieu et donne un ordre d'élargissement; on ouvre la porte et on dit au prisonnier : Allez vous-en, il n'y a rien de fait.

Il n'y a rien de fait?... Un instant!...Il y a de fait que le prisonnier a peut-être été ruiné, que sa femme est devenue folle de douleur; et je ne raconte pas ici une histoire à plaisir; je pourrais mettre un nom propre, si je le voulais, au bout de ce récit. Et maintenant à quoi bon rentrer chez lui? La foudre est tombée sur sa maison, la pierre de son foyer est brisée.

On ne peut arrêter un homme, dit le Code, qu'en vertu de la loi; c'est bien dit: voyons comment on exécute la loi au corps de garde.

Il y a quelque temps une femme dormait mal parce que son voisin veillait; elle croit de bonne foi qu'interrompre le sommeil d'une femme, c'est commettre un délit contre l'ordre public, et dans cette conviction elle envoie requérir le poste voisin.

Le poste prend les armes pour venger les droits de Morphée, il frappe; on ouvre;... la femme interrompue montre la chambre du coupable; la force armée y trouve un vieillard en robe de chambre; elle le prend par le bras et le mène achever sa nuit au violon.

On demande au caporal comment il a pu arrêter un

citoyen qui n'avait d'autre tort que de travailler ver-
tueusement après minuit.

— Parce que la consigne l'exige, répondit le caporal : lorsqu'on requiert le poste, il doit arrêter n'importe qui, le plaignant ou l'inculpé, mais il doit arrêter quelqu'un. Il lui faut, ajouta-t-il finement, la plume ou l'oiseau.

La magistrature, je le dis à son honneur, protesta hautement contre cette théorie de corps de garde.

Mais enfin, la consigne existe, elle existait du moins; l'a-t-on retirée depuis? Le fait exige une explication du *Moniteur*.

Le président du tribunal a dit au vieillard arrêté : Vous avez bien fait de céder à la force armée! Le compliment sans doute a son charme; mais je crois que le malheureux aurait mieux fait encore de travailler ce soir-là en Angleterre, car il y aurait eu raison de cet attentat à sa personne.

Une sentinelle anglaise montait la garde à l'entrée d'un pont de Londres; on lui avait donné la consigne de ne laisser passer personne. Un gentleman arrive pour traverser la Tamise : On ne passe pas! Il passe néanmoins; la sentinelle fait feu et le tue sur place.

On arrête le factionnaire, et, malgré son capitaine, malgré sa consigne, on le juge et on le pend. C'est M. Charles Dupin, aujourd'hui sénateur, qui raconte le fait et l'admire pleinement dans son livre sur l'Angleterre.

XV

Le peuple, l'élection, la liberté individuelle : voilà les trois libertés théologales ; quand on a celles-là, on les a toutes de surcroît, comme dans l'Évangile.

Elles viendront à leur jour, mais à chaque jour son œuvre ; ne compliquons pas la question. Ne nous laissons pas surtout distraire de la liberté, ne tournons pas sans cesse la tête aux quatre vents. On dirait que la France est une femme qui s'ennuie dans son ménage et qui met, à tout propos, le nez à la fenêtre pour regarder au dehors.

Qu'elle regarde, en ce moment, la Pologne, je l'admets du fond du cœur ; il y a là un peuple qui meurt, un peuple qui nous tend les mains, et en face du meurtrier, le genou sur la gorge de sa victime, on ne saurait garder le sang-froid ; le vertige de l'humanité monte à la tête, on tire sa montre, on compte les minutes et on dit : La France aura-t-elle le temps ?...

Car encore quelques tours d'aiguille, et les glaces, ces alliées naturelles de la Russie, auront fermé la Baltique. Dieu veuille que le télégraphe, un jour, ne nous apporte pas ce mot : *Consummatum est !* tout est dit ! Mourawiew vient de pendre le dernier soldat polonais, pendant que la diplomatie continuait tranquillement de chercher le meilleur moyen de sauver la Pologne.

Mais encore un coup, que la Pologne n'empêche pas le peuple français de songer à la France. Connais-toi toi-même, disait le philosophe. On doit prendre garde d'abonder dans le sens d'une politique de diversion et de tomber dans le piége de sa générosité. Nous avons mieux à faire, pour le moment, qu'à nous promener en ballon; nous avons à reprendre la trace des principes de 89 et à rentrer dans l'héritage de nos pères.

La constitution actuelle nous en fait elle-même l'invitation. Ajourner n'est pas nier; c'est affirmer, au contraire : du moment que la constitution ajourne la liberté, elle la promet, donc elle la donnera; elle la donne même de jour en jour, puisque chaque minute rapproche le moment de la réalisation de la promesse. Ce n'est donc plus qu'une question de temps; c'est à nous de savoir abréger le délai par notre calme et notre modération de langage.

La violence, après tout, n'est qu'une preuve de faiblesse. L'enfant crie, l'homme parle; il faut donc parler en homme qui a le sentiment de sa dignité et la conscience de son devoir. Il serait bien coupable envers lui-même et envers son pays, celui-là qui viendrait, dans cette conspiration unanime de paix et de conciliation, essayer d'une politique d'emportement et de coup de tête. Si je pouvais être cet homme, qu'on me chasse et qu'on en appelle un autre !

La colère consume et n'éclaire pas; si la démocratie veut rentrer en grâce avec la fortune, qu'elle commence à rentrer en grâce avec elle-même; elle a eu ses erreurs, qu'elle en fasse une gerbe et qu'elle y mette le feu. Plus de divisions de mots ni de querelles dans les rangs; car à qui peuvent-elles servir? Ce n'est pas sûrement à notre idée.

Le peuple nous donne en ce moment le bon exemple. Qui l'a vu de près, qui l'a interrogé, qui en a été interrogé à son tour sait bien et peut témoigner que si le peuple réclame encore aujourd'hui sa part de champ et de soleil, c'est-à-dire de droit au bien-être et à la lumière, il a fait cependant un changement de front et qu'il a mis de côté tout ce qui n'était que du vent et de l'orage.

Une heure sévère approche de chacun de ceux que le hasard de la lutte a mis au poste avancé; jamais il n'a été donné à quelques hommes de porter une œuvre plus lourde. Mais on a le droit de le dire, sans fausse humilité : quand on vient à songer que c'est la France, en définitive, qu'on porte, on sent en soi comme la force de l'infini, non par un sentiment de vanité, car qui est-on? mais par le sentiment de cette vérité, qu'une grande idée élève toujours un homme au-dessus de lui-même et lui communique quelque chose de sa puissance.

Autant qu'un autre, plus qu'un autre, dans cette rapide destruction d'un être qu'on appelle l'existence, on a pu avoir ses heures troublées, ces pages de la vie qu'on aime mieux tourner que relire; mais pour peu qu'on ait encore la chance de lever la main pour la démocratie, d'apporter son contingent au rachat de la liberté, ne fût-ce que le denier de la veuve, alors le moment de régler son compte pourra venir quand il voudra : on aura eu sa part, on aura bien vécu.

PARIS. — IMPRIMERIE DE J. CLAYE, RUE SAINT-BENOIT, 7.